# INSTRUCTION

SUR LA

# MÉTHODE DES MONOGRAPHIES

DE FAMILLES

PARIS. — IMPRIMERIE DE J. CLAYE
RUE SAINT-BENOIT, 7

# INSTRUCTION



# MÉTHODE D'OBSERVATION

DITE

## DES MONOGRAPHIES DE FAMILLES

PROPRE A L'OUVRAGE INTITULÉ

## LES OUVRIERS EUROPÉENS

### PAR M. F. LE PLAY

Secrétaire général de la Société d'économie sociale

***

## PARIS

### AU SIÉGE DE LA SOCIÉTÉ D'ÉCONOMIE SOCIALE

QUAI MALAQUAIS, 3

1862

# INTRODUCTION

---

RAPPORT

SUR LES

TRAVAUX FAITS EN 1860-1861 PAR LA SOCIÉTÉ D'ÉCONOMIE SOCIALE

SUR DES MONOGRAPHIES DE FAMILLES

---

MESSIEURS ET CHERS COLLÈGUES,

Notre cinquième session, que nous terminons aujourd'hui, nous a encore rapprochés du but que nous nous sommes proposé en fondant notre Société, et que nous n'avons cessé de poursuivre. Avant de nous séparer, permettez-moi de vous rappeler, dans un résumé rapide, nos derniers travaux, de déterminer les causes de nos premiers succès et de signaler les forces qui nous aideront à obtenir des résultats nouveaux.

## I. — TRAVAUX DE LA SESSION DE 1860-1861.

Je suis heureux de constater d'abord que notre cercle d'action s'étend par la seule influence qu'exercent nos travaux. Soixante et douze noms nouveaux sont venus s'ajouter à notre liste, qui compte aujourd'hui quatre cents membres. En même temps que le nombre de nos collègues augmente, leur assiduité s'accroît suivant une proportion plus rapide encore. Nos discussions mensuelles attirent des collaborateurs plus nombreux et plus assidus. Ces réunions, quoique plus prolongées, excitent assez d'intérêt pour que nous regrettions souvent de les voir finir. Sans renoncer à notre ancien usage qui accorde une séance par mois à chaque monographie, nous avons consacré quelques séances supplémentaires à certaines questions qui se recommandaient par une importance exceptionnelle ou par un caractère spécial d'opportunité.

Tandis que nos discussions deviennent plus actives, les monographies

qui en fournissent les bases tendent plus que jamais à se multiplier.
Votre comité d'administration, voulant conserver la situation prospère
dont votre trésorier vous rendra compte dans la présente séance, se
trouve donc obligé de contenir plutôt que de stimuler le zèle des observateurs. Notre troisième volume vient à peine de paraître que déjà les
matériaux du quatrième sont presque réunis. La publication de ce volume
montrera des étrangers éminents associés à nos travaux, et la Société
jetant des racines au dehors.

Le troisième volume que nous venons de publier prouve que nos travaux se concentrent moins exclusivement que par le passé sur la population parisienne qui devait être naturellement le premier but de nos études.
Les neuf monographies qui forment ce troisième volume nous offrent un
seul type choisi dans cette population, *le Manœuvre à famille nombreuse
de Paris*, tandis que cinq types sont empruntés à nos départements, *la
Brodeuse des Vosges*, *le Paysan-Savonnier de la Basse-Provence*, *le Ma-
nœuvre-Vigneron de l'Aunis*, *la Lingère de Lille*, *l'Instituteur primaire de
Normandie*. L'Italie nous a fourni un intéressant sujet d'études dans *le
Fondeur de plomb des Alpes Apuanes*; l'Afrique, dans *le Parfumeur de
Tunis*, et le Nouveau-Monde, dans *le Mineur des placers de Californie*. Le
domaine ouvert à nos recherches s'étend chaque jour et nous avons lieu
d'espérer que des travaux sur la Chine, sur l'Inde, sur la Perse, nous ou-
vriront prochainement ce continent asiatique plus d'une fois décrit par
les naturalistes et les archéologues, mais dont l'organisation sociale reste
à peu près inconnue.

Nos travaux, en se multipliant, mettent chaque jour mieux en lumière
un fait que je vous ai déjà signalé : malgré son caractère scientifique,
notre méthode d'observation est accessible aux intelligences les plus
simples, aussi bien qu'aux esprits les plus exercés. Pour l'appliquer avec
succès, il est moins nécessaire d'être initié à la culture des lettres ou aux
spéculations de la philosophie et de l'histoire, que de vivre en contact
avec les populations et de posséder un jugement sain formé par la pratique d'une profession utile ou simplement par l'accomplissement des
devoirs sociaux.

Les sept monographies que vous avez examinées pendant cette session
ont soulevé d'importantes questions sociales parmi lesquelles je citerai :

Le régime d'initiative individuelle de l'Amérique du Nord, opposé au
régime administratif de plusieurs contrées européennes, et l'influence
exercée par ces deux régimes sur l'exploitation des mines en France et
aux États-Unis ;

L'intervention de l'État pour encourager l'agriculture et pour reboiser
les hautes montagnes ;

La transmission des biens dans le régime de la liberté testamentaire et
dans le régime du partage forcé ;

L'influence de l'annexion des banlieues de Paris sur la situation des classes ouvrières de cette ville ;

Les conséquences de la fécondité des mariages chez les ouvriers ;

Le système d'épargne provoqué par le patronage et par les associations d'assistance mutuelle chez les populations urbaines de l'Occident, comparé au système établi spontanément chez les ouvriers ruraux ;

La situation des classes ouvrières qui, se soustrayant à toute influence morale et religieuse, restent en dehors de la civilisation ;

Les remèdes que l'enseignement primaire peut apporter à cette situation ;

Les moyens de recrutement et la situation économique des instituteurs primaires ;

Le rôle de l'État et des forces libres dans l'enseignement.

En nous rappelant l'intérêt qu'ont excité parmi nous ces questions, nous ne saurions oublier qu'il est dû en grande partie au talent des rapporteurs qui les ont soulevées en rendant compte des monographies renvoyées à leur examen. Vous me permettrez donc d'être votre interprète, en adressant nos remerciements à MM. Lecocq de Boisbaudran, Focillon, le comte Daru, Donnat, Lavollée, Eugène Rendu et Charles Robert.

Nous ne sommes pas moins redevables à ceux de nos collègues qui, ne pouvant disposer du temps nécessaire à la rédaction d'une monographie, ont fait à la Société, sous forme de notes, d'intéressantes communications. Nous avons eu à examiner plusieurs travaux de ce genre et notamment :

Une note de M. L. Vidal sur les paysans des Hautes-Alpes ;

Une note de M. Barral sur les encouragements donnés à l'agriculture en Angleterre à la suite de certains actes du Parlement ;

Plusieurs notes de M. Ch. de Ribbe sur les anciennes institutions municipales de la Provence, sur l'organisation et la transmission de la propriété chez les paysans de l'ancienne Provence, dits *ménagers,* sur l'organisation de l'assistance mutuelle à Marseille et dans plusieurs communes du département des Bouches-du-Rhône ;

Une note de MM. Albert Gigot et Roguès sur la comparaison des diverses législations concernant les faits de séduction ;

Une note de M. L. Donnat sur les catégories d'ouvriers parisiens dont les mariages se distinguent par la fécondité.


## II. — CAUSES DES SUCCÈS OBTENUS.

Tels sont, Messieurs, les résultats de notre cinquième session. S'ils dépassent visiblement ceux que nous avions obtenus jusqu'à ce jour, s'ils frappent les personnes qui, pour la première fois, assistent à nos réunions, ne faut-il pas en chercher la cause dans ce système d'études qui nous contraint à passer par l'observation des faits pour arriver à la discussion des principes, dans notre sincère préoccupation de connaître la vérité, dans l'esprit de liberté et d'impartialité qui préside à nos réunions.

Étrangers aux haines qui divisent trop souvent les partis, nous demandons à la vraie science sociale des solutions que la politique seule ne saurait nous donner. Nous étudions les institutions du passé, non pour en restaurer les abus, mais pour y retrouver les libres aspirations du génie national et pour apprécier ainsi les tendances de l'avenir. Nous cherchons dans les traditions séculaires, dont le sol et les esprits portent encore l'empreinte, les bases de l'ordre nouveau que nos pères ont tenté vainement de fonder sur de pures abstractions. Amis du progrès, mais redoutant le désordre et les agitations stériles, nous appelons sur le terrain de l'expérience, fécondé par l'étude et la discussion, tous les hommes qui veulent rendre notre patrie libre, grande et prospère.

Ce sera un titre d'honneur pour notre Société d'économie sociale que d'avoir réuni les hommes de tous les partis qui s'inspirent de ces sentiments, et de les avoir habitués à oublier, au milieu de discussions amicales, les dissentiments politiques qui les divisaient. Nous avons réussi à créer parmi nous un esprit de tolérance qui ne nuit en rien à la ferveur des convictions individuelles. Nous avons appris surtout à écouter avec calme, souvent même avec intérêt, les opinions contraires défendues par des adversaires habiles et consciencieux. Grâce à la solidité de nos recherches et au respect que nous accordons à toute opinion sincère, nous pouvons éviter les écarts auxquels sont entraînées des réunions moins impartiales. Un vieil adage dit que *l'on tombe toujours du côté où l'on penche;* permettez-moi de croire, Messieurs et chers collègues, que la Société d'économie sociale ne saurait tomber, car, n'ayant pour but que la vérité et contenue par le contrôle des diverses opinions largement représentées dans son sein, elle ne saurait pencher habituellement vers aucune erreur.

Nous avons, il est vrai, malgré nos divergences d'opinion, une conviction commune, c'est qu'une nation divisée, comme l'est aujourd'hui la France, par l'antagonisme social, ne peut être ramenée à l'harmonie que par l'observation des faits.

Chaque monographie est un ensemble de questions résolues par l'expérience; c'est le tableau vivant d'une famille, où nous voyons en action les principes qui portent les peuples au progrès ou à la décadence. Plus nous avançons dans nos travaux, plus nous reconnaissons la supériorité de ce genre d'études sur celles qui prennent pour unique point de départ la recherche du *droit naturel et du juste.* Trop absolue dans son principe, trop inflexible dans ses conséquences, désarmée contre les égarements de la raison pure, trop prompte à poser les problèmes et à en donner la solution, cette dernière méthode ne produit habituellement qu'un choc stérile entre des convictions invétérées. La méthode de la Société d'économie sociale conduit à des résultats plus sûrs; tenant compte des situations et des époques, appuyée sur l'expérience, cherchant à apprécier les résultats avant de remonter aux causes, elle protége mieux l'esprit contre la séduction des opinions préconçues. D'ailleurs, lorsque le *droit naturel et le juste* dominent réellement certains intérêts sociaux, notre méthode ne pourra manquer de les y retrouver ; et les grands principes ne perdront rien de leur autorité en s'offrant aux esprits comme la conclusion de l'expérience du genre humain. En constatant les résultats de cette expérience, nous mettrons en relief par leurs conséquences mêmes les bons ou les mauvais principes ; nous signalerons ceux que le temps sanctionne et ceux que modifie le progrès des mœurs et des idées ; nous amortirons enfin les haines nées de l'ardeur des convictions sans provoquer l'indifférence ou le scepticisme.

En résumé, armés du même levier, nous voulons soulever le même obstacle en nous appuyant tous sur l'observation. Partis de points différents, nous nous rencontrons déjà dans la même route, et cette communauté d'efforts nous conduira infailliblement au même but, à l'harmonie des opinions.

### III. — MOYENS D'OBTENIR DES RÉSULTATS NOUVEAUX.

Dans les résultats acquis depuis cinq ans, ne trouvons-nous pas, Messieurs et chers collègues, les moyens d'en obtenir de plus grands encore? Que les faits se multiplient par le concours de nouveaux observateurs, et dans un avenir prochain nous pourrons établir un accord plus intime entre les hommes pratiques qui, fidèles à l'esprit de notre institution, s'efforcent de remonter avec nous à l'origine des principes sociaux. Il suffit d'ailleurs de se rappeler les discussions soulevées dans le cours de nos dernières sessions, pour comprendre que notre tâche est plus simple qu'on ne pourrait le penser en se reportant aux souvenirs de nos dissensions civiles. De même que l'analyse d'eaux diverses, mais puisées aux sources, n'offre habituellement qu'un petit nombre d'éléments, de même l'observation des faits sociaux les plus éloignés, mais étudiés au sein des familles, ramène inévitablement aux mêmes conclusions. En somme, nos doutes et nos débats se sont habituellement renfermés dans cinq groupes de questions :

1º Quelle influence doit avoir la religion dans la réforme sociale?

2º Sur quels principes doit reposer l'organisation de la famille? Comment l'autorité paternelle peut-elle se concilier avec les aspirations vers la liberté qui forment un des principaux caractères de la civilisation

1*

moderne? La fécondité dans le mariage est-elle un bien ou un danger?
La stérilité est-elle, au contraire, une source de prospérité et de bien-
être?

3° L'action bienfaisante de la propriété est-elle mieux assurée dans le
régime du partage forcé que dans celui de la liberté testamentaire? Doit-
on accorder la préférence à la grande ou à la petite culture; peut-on com-
biner les avantages propres à ces deux régimes?

4° L'organisation industrielle de notre temps peut-elle se concilier avec
tous les progrès moraux? Quelles parts peuvent être faites, dans l'avenir,
à la grande et à la petite industrie, aux intérêts privés et aux intérêts
collectifs?

5° Un grand État peut-il maintenir sa prépondérance sans accroître sa
population et sans fonder des colonies à l'aide d'un vaste système d'émigration? Quelles délimitations convient-il d'établir, dans une civilisation
perfectionnée, entre les domaines de l'État, des corps constitués, de l'association libre, de la famille et de l'individu? L'État doit-il intervenir
directement dans les opérations de l'agriculture, de l'industrie et du commerce, dans le régime de l'assistance, dans la diffusion des sciences et des
lettres, dans l'éducation de la jeunesse et, en général, dans les intérêts
sociaux qui n'ont point exclusivement le caractère de l'utilité collective?

Telles sont, Messieurs et chers collègues, les questions principales
auxquelles nous sommes sans cesse ramenés et sur lesquelles, sans aucun
doute, nous arriverons un jour à de communes opinions. Sur ces questions, en effet, les esprits n'ont pas toujours été divisés. Il fut un temps
où elles recevaient dans notre pays des solutions universellement acceptées, et ce temps est celui où la France put jouir au plus haut degré de
l'harmonie au dedans et de la prépondérance morale au dehors.

Aujourd'hui même, chez plusieurs peuples civilisés, les principes sur
lesquels repose la solution de ces questions forment en quelque sorte la
substance de l'opinion publique. Le secret de l'ordre que ces peuples conservent en améliorant leur constitution sociale se trouve dans un certain
accord des idées touchant la religion, la famille, la propriété, le régime
du travail et l'organisation de l'État.

Il est à espérer que la France rentrera un jour en possession des avantages que l'harmonie sociale assure à plusieurs nations qui lui disputent
maintenant la prééminence. Troublée momentanément par les abus de
l'ancien régime, par les agitations et par certaines conceptions chiméri-
ques du régime nouveau, cette harmonie se rétablira par les enseigne-
ments de l'expérience et sous l'influence de principes remis en honneur
par l'observation.

C'est ce qu'a compris la Société d'économie sociale. Tourmentés des
maux que cause l'antagonisme social, persuadés qu'il importe d'avoir un
point de ralliement au milieu du désaccord des esprits, nous l'avons trouvé

dans la recherche méthodique de la vérité. Cette communauté d'aspirations à laquelle nous sommes déjà parvenus doit nous conduire un jour à la communauté des opinions.

Je suis loin de penser cependant, Messieurs et chers collègues, je suis même loin de souhaiter que nous arrivions jamais à une identité d'opinions sur les questions que soulève le gouvernement des sociétés. Pour que l'ordre social soit solidement établi, il suffit que l'on reconnaisse d'un commun accord les principes fondamentaux sur lesquels il doit reposer. Quant aux questions secondaires, il subsistera toujours des divergences, et, loin de s'en plaindre, il faut s'en féliciter. Contenue dans ces limites, la discussion est une des conditions essentielles du progrès. S'il était possible aujourd'hui, comme il l'a été à certaines époques et chez certains peuples, de régler l'activité humaine dans ses manifestations les plus générales, comme dans ses plus humbles fonctions, on verrait se reproduire aussitôt l'immobilité et bientôt la décadence. Pour une nation dont l'organisation repose sur une telle exagération de l'esprit traditionnel, il n'y a que deux issues : ou bien elle s'arrête et devient l'impassible témoin des perfectionnements accomplis par les nations étrangères ; ou bien un jour arrive où l'antique organisation de la société est violemment rompue, où l'esprit de révolution se manifeste par des collisions douloureuses, en compromettant à la fois l'ordre qu'on prétendait rendre immuable et le progrès qu'on voulait improviser.

Appliquons-nous donc à développer, sans exagération, les habitudes de libre discussion qui sont, pour toute société, le symptôme de la vie et du progrès. Incessamment ramenés dans nos séances mensuelles par l'étude des monographies de familles aux vraies questions sociales de notre temps, habituons-nous, comme nous avons commencé à le faire cette année, à en approfondir l'examen au moyen de séances supplémentaires, et constituons ainsi peu à peu des comités spéciaux qui fonctionneront dans l'intervalle de nos réunions principales. Ces comités pourraient s'organiser de diverses manières : les uns réuniraient ceux de nos collègues qui sont particulièrement adonnés à l'étude de certaines régions du globe ; les autres grouperaient ceux qui ont étudié avec prédilection certains sujets se rattachant aux questions générales que j'ai précédemment énumérées. Les premiers examineraient les questions spéciales concernant la condition des diverses populations du globe étudiées par les monographies. Les seconds discuteraient les questions générales soulevées dans les assemblées mensuelles, et rechercheraient les réformes qu'il convient d'introduire dans notre pays et en général dans les sociétés modernes.

Ces comités pourraient provoquer des études sur certaines questions, sur certaines localités, sur certaines classes de la société. Le comité d'administration est prêt à donner un concours dévoué à ceux de nos collègues qui seront disposés à entrer dans cette voie ; toutefois, il désire que les comités s'organisent spontanément, qu'ils nomment librement leurs présidents et leurs secrétaires, et qu'ils fixent eux-mêmes l'objet et l'époque de leurs réunions.

En réalisant ainsi une pensée qui m'a été exprimée par plusieurs collègues, et qui est d'ailleurs conforme au texte de nos statuts, nous ne ferons que nous conformer à un principe dont nous constatons souvent la fécondité ; nous nous habituerons à agir sans attendre l'impulsion du pouvoir que nous avons constitué. C'est par la pratique plus que par des préceptes, que se répandra cet esprit d'initiative individuelle qui s'affaiblit chaque jour depuis deux siècles dans notre pays. Avant d'agir dans une sphère plus vaste, commençons donc par appliquer nos principes dans la Société d'économie sociale !

Si les hommes éminents qui disposent chez nous de l'opinion publique donnaient la même direction à toutes les branches d'activité, la France retrouverait bientôt sa tradition nationale, tout en continuant à s'inspirer utilement de l'esprit d'innovation. Elle réaliserait tout à coup un progrès semblable à celui qu'elle a accompli dans la première moitié du xvii<sup>e</sup> siècle. Après les guerres de religion et les désordres de la Ligue, la restauration du pouvoir, l'impulsion donnée par la liberté de conscience aux études philosophiques et religieuses, créèrent momentanément dans notre patrie une unité de vues et d'efforts qui fit l'admiration du monde entier.

Après les abus qui ont amené la chute de l'ancien régime et les luttes qui ont accompagné l'avénement d'un régime nouveau, nous réussirons, comme l'ont fait nos pères, à extirper l'antagonisme social en appliquant la liberté d'examen à l'étude des faits et à la recherche des vrais principes. Dès que ces principes auront été restaurés dans les esprits, l'harmonie sociale, base de toute grandeur et de toute puissance, ouvrira à notre pays une ère plus durable de prospérité. Cette harmonie, en effet, sera plus solidement assise sur l'initiative individuelle et sur le libre essor des talents et des aptitudes qu'elle ne l'a été, pendant deux règnes consécutifs, au xvii<sup>e</sup> siècle, sur le régime des corporations et sur la prépondérance des familles privilégiées.

# INSTRUCTION

sur la

# MÉTHODE D'OBSERVATION

dite

DES MONOGRAPHIES DE FAMILLES

PROPRE A L'OUVRAGE INTITULÉ

LES OUVRIERS EUROPÉENS [1]

1er janvier 1862

## I

### REMARQUES PRÉLIMINAIRES SUR L'ÉTUDE DES FAITS SOCIAUX ET SUR LA MÉTHODE DES MONOGRAPHIES DE FAMILLES.

L'observation directe des faits peut seule, en matière scientifique, conduire à des conclusions rigoureuses et les faire accepter. Ce principe, admis aujourd'hui pour les sciences physiques, est encore méconnu pour la science sociale : ceux qui la cultivent s'inspirent, pour la plupart, d'idées préconçues qui ne peuvent servir de base à une action régulière et qui entretiennent un antagonisme permanent. Ces préventions portent ceux qui en sont imbus à dédaigner les faits et les inductions qui en dérivent. La science sociale est restée dans la situation où se trouvaient les sciences physiques lorsqu'elles se fondaient sur les conceptions de l'astrologie et de l'alchimie : elle ne sera définitivement constituée que lorsqu'elle se fondera sur l'observation.

Mais, en matière sociale, le champ de l'observation est vaste ; on s'y égare infailliblement quand on s'y engage sans guide. La méthode décrite dans la présente instruction fournit un fil conducteur : elle dirige les observateurs à travers le labyrinthe des faits ; elle leur donne un moyen commun de certitude et les achemine ainsi vers certaines conclusions qui seront acceptées comme des lois générales, quand elles auront été suffisamment vérifiées par l'observation.

Cette méthode consiste : 1° à fonder l'étude des populations sur celle de quelques familles judicieusement choisies, appartenant à la classe ouvrière ; 2° à décrire ces familles d'après un cadre déterminé et uniforme. Voyant dans la famille la véritable unité sociale, elle procède

---

1. *Les Ouvriers européens*, études sur les travaux, la vie domestique et la condition morale des populations ouvrières de l'Europe, et sur les rapports qui les unissent aux autres classes, par M. F. Le Play, conseiller d'État, ingénieur en chef des mines. Grand in-folio. Imprimerie Impériale, Paris, 1855.

comme le zoologiste qui, pour décrire une espèce vivante, applique à quelques individus de cette espèce les procédés d'investigation de l'anatomie et de la physiologie. Elle recherche les lois de la science sociale dans les cas les plus simples, sauf à apprécier les influences qui les modifient dans les cas plus complexes.

C'est encore pour faciliter l'observation et pour la rendre plus féconde que la Société choisit parmi les familles ouvrières les types des monographies. Ces familles, en effet, forment la grande masse de la population. Elles sont plus subordonnées dans leur vie matérielle et dans leur activité physique au climat et aux productions du pays qu'elles habitent, et, par ce motif, elles en forment l'élément caractéristique. En outre, certaines classes d'ouvriers sont moins exposées que les classes supérieures aux fluctuations sociales ; elles conservent avec une énergie toute particulière l'ordre qui a été progressivement établi par les civilisations antérieures et qui doit être la base des nouveaux perfectionnements à accomplir. Enfin les rapports qui lient les ouvriers aux classes supérieures sont partout le fondement de l'existence de ces dernières et le trait principal de la nationalité.

Contrairement au défaut, si général à notre époque, qui consiste à traiter les questions sociales à un point de vue exclusif, la méthode des monographies embrasse, dans son ensemble, l'existence d'une famille considérée sous tous ses aspects. Elle dirige en outre l'observateur par des règles déterminées avec une rigoureuse précision, par un questionnaire complet applicable à toutes les familles, à quelque latitude et à quelque civilisation qu'elles appartiennent, et ce cadre uniforme facilite-les comparaisons sur lesquelles on doit fonder les véritables lois sociales.

La nécessité de rendre les études sociales précises et complètes donne aux monographies quelque complication. Cependant, la méthode n'est pas accessible seulement aux esprits très-cultivés ; elle a été souvent appliquée avec succès par des hommes peu lettrés, mais guidés par un sens droit. Tout observateur judicieux et attentif réussira dans ce genre de travail, s'il veut bien étudier préalablement les modèles déjà publiés dans les trois premiers volumes des *Ouvriers des deux mondes* et avoir égard aux instructions consignées ci-après.

II

### RÈGLES A SUIVRE POUR PROCÉDER A L'OBSERVATION DES FAITS SOCIAUX

L'application de la méthode des monographies n'exige pas que l'observateur se restreigne à une localité, à une classe ou à une famille déterminées. Le principal avantage de cette méthode est de permettre d'apprécier en peu de temps les mœurs d'un pays quelconque. Non-seulement il n'est pas nécessaire d'être fixé dans ce pays, mais on peut encore l'étudier avec succès à distance, si l'on a sous la main une famille qui y soit née et qui y ait longtemps vécu.

De même, on peut observer indifféremment une des classes agricoles ou industrielles d'une localité. Toutefois, dans une région qui n'a pas encore été décrite, il est préférable de porter son attention sur les *paysans*, c'est-à-dire sur les petits propriétaires agriculteurs qui, avec leur famille, emploient sur leur domaine la totalité de leur temps, sans être obligés de travailler au dehors en qualité de salariés. Cette classe est toujours l'élément fondamental d'une civilisation. Grâce à la nature de ses travaux et aux habitudes qui résultent de la propriété territoriale, elle conserve mieux que les autres l'empreinte du génie local.

Dans une classe déterminée, on doit toujours choisir une famille qui soit originaire de la localité et qui réunisse à peu près des conditions moyennes, c'est-à-dire qui ne soit ni supérieure ni inférieure aux autres par la situation matérielle ou par la moralité. On doit s'attacher encore à décrire le plus souvent un ménage complet, car l'étude en est, en général, plus fructueuse que celle d'un ménage sans enfants et surtout d'un célibataire. Enfin, il faut prendre une famille qui se prête volontiers à l'observation en se rendant au désir exprimé par l'observateur ou par des personnes influentes de la localité.

Le type de la monographie étant ainsi choisi, deux conditions permettront d'obtenir de cette étude les résultats qu'on peut en attendre. La première est un sincère amour de la science, qui porte à rechercher la vérité et à enregistrer les faits avec une scrupuleuse exactitude. Il n'est point toutefois nécessaire que l'observateur soit impartial ou imbu préalablement des vrais principes sociaux; celui-ci pourra souvent se mettre au travail en vue de démontrer par les faits un principe erroné qui a ses sympathies : mais l'application de la méthode suffira toujours pour lui faire distinguer le vrai du faux. La passion qui pousse, à notre époque, tant d'hommes de bien à défendre l'erreur, sera ainsi pour la science sociale, comme elle a été pour les sciences physiques, la principale force qui conduira à la vérité. Il n'est pas à craindre, d'ailleurs, que cette partialité porte à dissimuler ou à dénaturer sciemment les faits : ce genre d'improbité est assez rare, et, grâce aux moyens de contrôle qu'elle renferme, la méthode offre à ce sujet toute garantie.

Une seconde condition, pour bien constater les faits contenus dans le cadre d'une monographie, est de gagner la confiance de la famille que l'on étudie. Il ne faut pas croire qu'il suffit de l'appât d'une rémunération méritée pour que cette famille consente à initier pendant huit ou dix jours, aux secrets de sa vie intérieure, un observateur, souvent étran-

ger. Au contraire, elle se prêtera à une enquête minutieuse, elle supportera docilement un interrogatoire prolongé, si elle s'aperçoit que l'observateur ne cherche à connaître la condition des classes ouvrières que pour
établir par des faits les principes qui permettront de l'améliorer.

Pour réunir les éléments d'une monographie, on peut employer concurremment trois moyens qui sont loin d'avoir une égale importance. Le
premier consiste à observer les faits, le second à interroger l'ouvrier sur
les choses qui échappent à une investigation directe, le troisième à prendre
des renseignements auprès des personnes de la localité qui connaissent
depuis longtemps la famille ou qui influent sur son existence par des relations de patronage.

L'observation directe doit révéler les moindres détails qui peuvent paraître d'abord inutiles, mais dont la nécessité devient bientôt manifeste.
Il faut, en général, recueillir les faits sans en tirer immédiatement des
conclusions. Ce n'est qu'après avoir achevé l'étude de la famille, après
avoir classé les observations dans le cadre adopté pour les monographies,
qu'on peut essayer d'en tirer des inductions générales.

L'interrogatoire doit être conduit dans l'ordre indiqué par la méthode ;
il ne faut pas cependant s'y astreindre trop rigoureusement. L'ouvrier
sera naturellement porté à s'étendre sur certains sujets : il aimera à se
reporter aux souvenirs de sa jeunesse et à raconter l'histoire de sa famille.
Il faut se garder de l'interrompre pour ne pas laisser échapper des renseignements qu'il est utile de recueillir. Les questions trop multipliées le
fatigueraient d'ailleurs, si elles n'excitaient pas chez lui de l'ennui ou de
la méfiance, en lui rappelant à tout instant l'enquête qu'il subit. Mieux
vaut écouter qu'interroger, surtout dans le cas assez fréquent où une
différence dans le dialecte ou dans le langage habituel rend difficile, des
deux côtés, l'intelligence des demandes et des réponses.

On ne devra se renseigner qu'avec une extrême réserve auprès des
classes dirigeantes de la localité, qui connaissent souvent moins qu'on
ne le suppose l'organisation sociale dont elles font partie. Il faudra
d'ailleurs contrôler toujours leurs assertions, soit à l'aide des faits observés directement, soit à l'aide des faits révélés par les déclarations de la
famille.

Toute monographie se rattache à un double *Budget des Recettes et
des Dépenses* annuelles, qui est précédé d'*Observations préliminaires* et
suivi de *Notes*.

Les Observations préliminaires permettront à l'observateur de s'attirer
précisément cette confiance dont il est parlé plus haut. Elles prépareront
peu à peu l'ouvrier à répondre aux nombreuses questions du budget et
même à en comprendre la nécessité. Elles donneront enfin à l'observateur
un ensemble de notions préalables sur les mœurs et sur la vie de la
famille, sur le lieu qu'elle habite et sur la population dont elle fait partie.

Il ne faut pas chercher à compléter tout d'abord les observations préliminaires et, dans ce but, ramener péniblement l'ouvrier qu'on interroge sur un détail omis dans un paragraphe déjà traité. Les Budgets seuls donneront de la précision aux renseignements obtenus; ils permettront d'en vérifier l'exactitude; ils feront naître les questions dont on n'aurait pas d'abord songé à s'enquérir.

Pour l'interrogatoire de l'ouvrier et même pour une première rédaction des Budgets, toutes les évaluations de quantités et de valeurs devront être faites avec les mesures et les monnaies du pays. Pour la rédaction définitive l'auteur convertira les unités locales en unités métriques, et il en établira, s'il y a lieu, la correspondance dans une note spéciale.

Les renseignements relatifs aux quantités et aux valeurs des objets achetés ou vendus, produits ou consommés, se rapporteront toujours à une année supposée moyennement prospère, en ce qui concerne la situation générale de l'agriculture, de l'industrie et du commerce, et la situation spéciale du foyer domestique que l'on considère.

Il sera souvent impossible à l'ouvrier de donner les nombres des deux Budgets et des Comptes annexés pour une année entière, tandis qu'il les indiquera facilement pour une semaine ou pour un jour. En général, l'observateur devra rechercher tous les moyens d'éviter aux membres de la famille observée un travail intellectuel auquel ils ne seraient point habitués et qui pourrait troubler l'exactitude de leurs déclarations.

Les Notes comprennent les faits importants d'organisation sociale, les particularités remarquables, enfin les appréciations générales et les conclusions que l'auteur déduit de l'ensemble de ses études. Les éléments de ces notes seront fournis par la famille et la localité qui sont l'objet de la monographie. Ils pourront l'être également par les personnes établies depuis longtemps dans cette localité et connaissant bien les mœurs et les usages de la population. Mais il ne faudra jamais oublier de contrôler les déclarations obtenues, par les faits observés.

III

## PRÉCIS DES FAITS A OBSERVER. — ÉTABLISSEMENT DES BUDGETS.

La plus importante énumération ne pourrait suppléer à la vue du cadre d'une monographie et à l'étude du texte et des nombres qui le remplissent. Les soixante-quatre monographies publiées déjà dans les *Ouvriers européens* et dans les *Ouvriers des deux mondes*[1] fourniront la

1. *Les Ouvriers des deux mondes*, études sur les travaux, la vie domestique et la condition morale des populations ouvrières des diverses contrées, et sur les rapports qui

plupart du temps des spécimens de cas analogues à celui que l'on veut
étudier. Néanmoins il peut être utile de résumer ici les principaux faits
qui se rattachent à l'existence d'une famille. Pour que cette énumération
soit plus utile à l'observateur, il convient de suivre exactement l'ordre
indiqué par la méthode et de présenter un tableau sommaire des questions à traiter.


### *A.* TITRE DE LA MONOGRAPHIE.


La monographie est comprise sous un titre qui en est. pour ainsi dire,
le résumé. Ce titre indique toujours : 1° la profession de l'ouvrier; 2° la
population dont il fait partie; 3° la nature de l'engagement qu'il con-
tracte pour se procurer des moyens de travail; 4° la situation qu'il
occupe dans l'organisation sociale caractérisée par cet engagement. Ainsi
on dit :

*Charpentier et marchand de grains des laveries d'or de l'Oural* (Sibérie
occidentale). Journalier et ouvrier chef de métier dans le système des
engagements forcés. (Les *Ouvr. europ.*, V.)

*Paysan et savonnier de la Basse-Provence* (Bouches-du-Rhône —
France). Propriétaire ouvrier et journalier dans le système des engagements volontaires permanents. (Les *Ouvriers des deux mondes*, N° 21.)

*Coutelier de la fabrique urbaine collective de Sheffield* (Yorkshire —
Angleterre). Tâcheron dans le système des engagements volontaires
momentanés. (Les *Ouvr. europ.*, XXIII.)

*Lingère de Lille* (Nord — France). Ouvrier-tâcheron dans le système du
travail sans engagements. (Les *Ouvriers des deux mondes*, N° 24.)

Le titre mentionne aussi, quand il y a lieu, certaines particularités
remarquables qui caractérisent l'organisation de la famille ou de la
société dont elle fait partie.

Ainsi, il indique si les membres de la famille vivent en communauté,
si les mœurs admettent la polygamie, si l'ouvrier est lié à un maître ou à
une association, si le mariage se fait remarquer par un grand nombre
d'enfants, si le champ que l'ouvrier exploite fait partie d'un territoire
morcelé, etc... Exemples :

*Paysans en communauté du Ning-po-fou* (province de Tché-Kian —
Chine), etc. (Les *Ouvriers des deux mondes*, N° 30.)

*Paysans en communauté et en polygamie de Bousrah* (Esky-Cham) dans
le pays de Haouran (Syrie — Empire ottoman), etc. (Les *Ouvriers des
deux mondes*, N° 18.)

les unissent aux autres classes, publiées par la Société internationale des études pratiques d'économie sociale. 3 vol. in-8°. Paris, 1857, 1858, 1861, au siége de la Société
d'économie sociale, quai Malaquais, n° 3.

*Paysans agriculteurs et charrons à corvée des steppes de Terre-Noire d'Orembourg* (Russie méridionale), etc. (Les *Ouvr. europ.*, II.)

*Compagnon de la corporation fermée des menuisiers de la ville de Vienne* (Autriche), etc. (Les *Ouvr. europ.*, XI.)

*Manœuvre à famille nombreuse de Paris* (Seine — France), etc. (Les *Ouvriers des deux mondes*, N° 27.)

*Paysan d'un village à banlieue morcelée du Laonnais* ( Aisne — France), etc. (Les *Ouvriers des deux mondes*, N° 29.)

La définition exacte des termes employés dans ces titres et en général dans les monographies est indiquée dans les pages 19 à 25 du tome 1er des *Ouvriers des deux mondes*.

Les faits à observer pour se rendre compte de l'organisation sociale à laquelle la famille appartient et de la situation qu'elle y occupe sont consignés dans les deux tableaux suivants, extraits des *Ouvriers européens* :

*Tableau des quatre systèmes sociaux de l'Europe d'après les rapports qui lient les ouvriers aux maîtres, aux communautés et aux corporations.*

1° Système des nomades, comprenant les trois modes d'engagements observés chez les peuples sédentaires, où se distinguent les trois systèmes suivants :
2° Système des engagements forcés ;
3° Système des engagements volontaires permanents ;
4° Système des engagements momentanés ou du travail sans engagements.

*Tableau des sept situations principales que les ouvriers peuvent occuper successivement dans les quatre systèmes sociaux pour s'élever des rangs inférieurs de la hiérarchie industrielle à la condition de propriétaires ou de chefs d'industrie.*

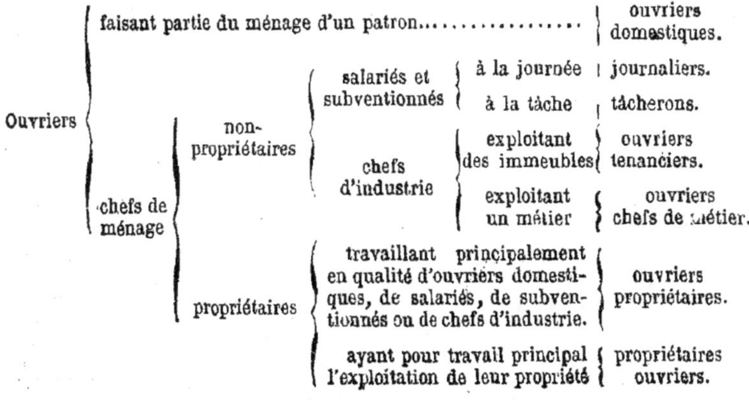

Les Observations préliminaires définissent en quelque sorte toute la famille et le milieu social où elle vit, et elles servent en même temps d'introduction aux Budgets des recettes et des dépenses. Voici l'énumération sommaire des principaux faits à observer pour chacun des treize paragraphes qu'elles renferment.

§ 1er. **Etat du sol, de l'industrie et de la population.** — Désignation précise de la localité habitée par la famille (commune, quartier, rue). — Distance des principaux lieux géographiques connus de la contrée. — Circonscription politique et administrative dont dépend cette localité.

Constitution et relief du sol, eaux minérales, montagnes, forêts, cours d'eau situés à proximité, voies de communication. — Climat. — Principaux éléments d'hygiène dérivant de la nature des lieux. — Richesses minérales, végétales et animales.

Produits agricoles. — Industries domestiques, industries urbaines et rurales. — Commerce d'exportation et d'importation.

État des terres ; division des propriétés rurales ; cadastre de la commune. — État de la population : nombre de chefs de famille classés d'après leurs professions ; nombre des enfants vivants, issus de ces ménages. — Engagements qui lient les ouvriers aux maîtres, aux communautés, aux corporations.

§ 2. **Etat civil de la famille.** — Constitution de la famille en ménage isolé ou en communauté.

Tableau indiquant les noms et les prénoms, l'âge, les relations de parenté et de domesticité des divers membres de la famille réunis au foyer domestique, et des descendants directs établis au dehors. Mention des autres membres de la famille morts antérieurement ou établis au dehors.

§ 3. — **Religion et habitudes morales.** — Culte et croyances religieuses des membres de la famille et de la population en général. Influence du clergé. — Détails sur les pratiques religieuses ; culte domestique ; culte public. — Prières ; images sacrées. — Cérémonies du mariage, des naissances et des décès. — Temples. — Fêtes.

Vertus domestiques : — attachement entre les époux ; influence accordée à la femme dans les affaires domestiques. — Soins et déférence accordés aux vieux parents ; mesures prises pour leur assurer une heureuse fin d'existence. Souvenir des parents morts. — Soins affectueux et éclairés donnés aux enfants ; mesures prises pour leur développement moral et intellectuel. — Traitements envers les domestiques, les esclaves, les animaux.

Vertus sociales : — Charité et dévouement; dispositions à l'hospitalité. — Esprit de conciliation dans les contestations; politesse et harmonie dans les relations sociales. Déférence et attachement de la famille pour le patron qui l'emploie. — Rapports avec les croyants des autres religions; tolérance.

Habitudes morales relatives au mode d'existence : — Disposition à la propreté dans l'habitation et dans les vêtements. — Tendance à la simplicité; tempérance. — Disposition à l'épargne; ensemble des habitudes ayant pour but de faire fructifier les capitaux épargnés et d'assurer à la famille une propriété immobilière; mode de transmission des propriétés acquises à l'époque de la vieillesse ou de la mort. Tendance vers l'état sédentaire ou vers l'émigration temporaire ou permanente.

Traits principaux caractérisant le développement intellectuel : — Connaissances communiquées par l'instruction primaire et par l'instruction religieuse; faits spéciaux relatifs à l'éducation des enfants. — Développement intellectuel amené par l'exercice de la profession, lié à l'exercice des devoirs civils et politiques. — Attachement à la tradition ou tendance aux innovations en ce qui concerne les méthodes de travail, les rapports des ouvriers avec les maîtres, les institutions civiles et politiques.

§ 4. **Hygiène et service de santé.** — Constitution physique des membres de la famille; leur état de santé habituel.

Hygiène suivie en ce qui concerne les ablutions, les bains, les aliments, les boissons, les vêtements, l'habitation. — Service médical; aptitude des chefs de famille à administrer eux-mêmes les médicaments. — Médecins, empiriques. — Vétérinaires. — Pratiques occultes, amulettes.

§ 5. **Rang de la famille.** — Considération dont jouit le chef de la famille en raison de ses qualités personnelles, des biens qu'il possède, du métier qu'il exerce, des fonctions civiles ou militaires qu'il remplit. Rapports de la famille avec les autres familles de patrons et d'ouvriers de la localité. — Rapports avec les étrangers.

§ 6. — **Propriétés** (*mobilier et vêtements non compris*). — Énumération et valeur des propriétés possédées par la famille : — Immeubles. — Esclaves. — Argent. — Animaux domestiques entretenus toute l'année. — Animaux domestiques entretenus seulement une partie de l'année. — Matériel spécial des travaux et industries. — Armes.

§ 7. **Subventions.** — Personnes et institutions exerçant le patronage ou l'assistance dans la localité. — Patron ou chef d'industrie faisant régulièrement emploi de l'ouvrier et de sa famille; personnes bienfaisantes exerçant isolément l'assistance. — Sociétés de bienfaisance composées de personnes privées étrangères à la profession de l'ouvrier; sociétés ou caisses de secours pour maladies, blessures, chômages; sociétés ou caisses de secours pour retraite pendant la vieillesse. — Communes intervenant pour l'allocation des pâturages, des bois, des fruits sauvages, des herbes, des engrais, du moulin, de l'école, de l'asile, etc. — État intervenant pour la rétribution du clergé, de l'instituteur, etc.

Énumération des subventions et des secours accordés par chacune des personnes et des institutions précédentes à titre gratuit ou à prix réduit : — Immeubles et instruments divers de travail et de production donnés en jouissance à titre exclusif ou indivis. — Objets relatifs à la nourriture, à l'habitation, aux vêtements, aux industries entreprises par la famille. — Sommes d'argent. — Culte et éducation. — Service de la chirurgie, de la médecine et de la pharmacie.

§ 8. **Travaux et industries**. — Travaux exécutés par l'ouvrier et sa famille pour le compte d'un patron ou à compte commun entre lui et le patron. — Industries entreprises au profit exclusif de la famille. — Culture des champs, prairies, vignobles, chènevières, etc. — Usage des pâturages. — Culture du jardin potager ; élevage et engraissement des animaux domestiques. — Vente du lait, du miel, de la cire, de la laine, de la graine de vers à soie, de la soie en cocons, etc. — Fabrication du beurre, du fromage, de l'huile, etc. — Construction et entretien de l'habitation et du mobilier ; confection et entretien des vêtements ; blanchissage du linge. — Travaux relatifs à la fabrication des fils et étoffes ; confection des vêtements neufs ; blanchîment et teinture. — Fabrication des objets de tricot, de la dentelle, de divers produits industriels. — Transports opérés à dos par la famille ou avec le concours des animaux domestiques. — Opérations de commerce ou de spéculation. — Travaux domestiques exécutés chez des étrangers. — Récolte et transport du combustible ; cueillette de baies et autres fruits sauvages ; chasse et pêche ; glanage sur les terres récemment moissonnées ; récolte d'engrais sur la voie publique ; récolte d'herbes sur les routes et les chemins, etc.

§ 9. **Aliments et repas**. — Caractères distinctifs du régime alimentaire de la famille ; mention de la pénurie ou de l'abondance. — Nature des aliments qui servent de base à la nourriture. — Mode de préparation et de cuisson de ces aliments. — Nombre des repas par jour ; nom usuel, heure ordinaire et durée de chaque repas en été et en hiver ; manière de prendre les repas ; réunion ou séparation des sexes pendant les repas. — Jeûnes. — Repas aux époques de noces, de fêtes ou des grands travaux.

§ 10. **Habitation, mobilier, vêtements**. — Description sommaire de l'habitation et de ses dépendances ; matériaux de construction, toitures, dispositions intérieures, architecture spéciale.

Meubles ; caractères distinctifs. — Inventaire détaillé de chaque pièce du mobilier avec indication de sa valeur actuelle ; lits ; mobilier des différentes chambres ; mobilier de la cuisine ; livres et matériel de lecture, d'écriture, de calcul ; objets relatifs au culte domestique.

Ustensiles; caractères distinctifs. — Nature et valeur des ustensiles dépendant du foyer de la cuisine, du four à pain; employés pour la cuisson et la consommation des aliments, pour le transport et la conservation de l'eau; servant à l'éclairage, au blanchissage du linge; servant aux ablutions et aux soins de propreté, aux récréations, etc.

Linge de ménage; caractères distinctifs. — Nombre et valeur des draps de lit, serviettes, nappes, etc.

Vêtements; caractères distinctifs pour chaque membre de la famille. — Inventaire détaillé et valeur actuelle en argent de chaque pièce du vêtement pour chaque membre de la famille; vêtements des jours de fête; vêtements de travail; bijoux et ornements divers de longue durée.

§ 11. **Récréations.** — Vue générale sur les récréations recherchées par les divers membres de la famille.

Exercices de corps : promenades, danses, jeux de force et d'adresse, etc.

Consommation de spiritueux : eau-de-vie, vin, bière, cidre, etc. — Consommation de narcotiques : tabac fumé, prisé ou mâché; opium; narcotiques divers.

Réunions et fêtes : veillées d'hiver; fêtes de famille; anniversaires et repas de noce; fêtes locales; réunions aux foires et au cabaret; fêtes à l'occasion des récoltes, etc. — Spectacles publics. — Jeux de hasard : loterie, cartes, dés, paris, etc.

Travaux accessoires faisant une diversion agréable au travail principal : culture du jardin de la famille, récoltes, chasse et pêche; entreprises de commerce et de spéculation, etc.

Plaisirs intellectuels : conversations, récits, musique, lectures.

§ 12. **Phases principales de l'existence de la famille.** — Particularités les plus remarquables concernant la vie de l'ouvrier, de la femme, des enfants et des vieux parents.

§ 13. **Mœurs et institutions assurant le bien-être physique et moral de la famille.** — Conditions de sécurité et de bonheur que la famille trouve dans sa prévoyance et dans l'ensemble de ses qualités intellectuelles et morales; habitudes d'épargne; mœurs et institutions qui les encouragent.

Moyens de sécurité que la famille, si elle est imprévoyante, est obligée de demander aux sociétés de secours mutuels, aux chefs d'industrie, aux corporations, aux municipalités, aux provinces, à l'État et, en général, à la bienfaisance publique ou privée.


## C. BUDGETS.

La méthode rattache principalement la description de chaque famille à l'établissement de ses Budgets annuels. Les chiffres de ces Budgets doivent être recueillis à mesure que les faits qu'ils expriment se présentent à l'observateur. L'enquête sur les observations préliminaires fera connaître une grande partie de ces nombres; la nécessité d'établir une balance exacte entre les recettes et les dépenses (en tenant compte de l'épargne ou de la dette) permettra de les contrôler et d'en obtenir de nouveaux.

Les Budgets devant être le précis complet de l'existence d'une famille, il convient de signaler ici les faits qui s'y rattachent et qui ne sont pas compris dans l'énumération précédente. Mais les Budgets étant aussi des tableaux méthodiques, il importe, pour les établir, de bien connaître le mécanisme des diverses sections qui en forment le double cadre.

Cette partie fondamentale de toute monographie renferme : un *Budget des Recettes*, un *Budget des Dépenses* et *des Comptes annexés aux Budgets*.

**1. Budget des recettes.** — Le Budget des recettes comprend deux colonnes divisées chacune en quatre sections correspondantes.

La colonne de droite intitulée *Recettes* est l'énumération de toutes les ressources qui résultent pour la famille des revenus des propriétés, des produits des subventions, des salaires et des bénéfices des industries.

Les revenus des propriétés se calculent d'après le taux moyen du revenu que produisent, dans la localité, les valeurs mobilières ou immobilières engagées dans les opérations de l'agriculture ou de l'industrie ; on contrôle cette évaluation en s'assurant qu'elle concorde avec celles qui entrent dans les balances établies, pour chaque industrie, dans les Comptes annexés.

Les produits des subventions s'obtiennent directement en ce qui concerne les propriétés reçues en usufruit et les objets ou services alloués. Quant aux droits d'usage, la valeur en est déterminée à l'aide des Comptes annexés.

Les salaires sont connus immédiatement pour les travaux exécutés au compte d'un patron. Mais leur détermination implique de l'incertitude pour plusieurs travaux secondaires entrepris au compte de la famille, lorsque des travaux analogues ne sont pas dans la localité l'objet d'une rétribution spéciale. On estime alors directement, dans les Comptes annexés, la valeur de toutes les recettes et de toutes les dépenses effectivement faites par la famille à l'occasion du travail dont il s'agit : la différence représente le bénéfice de l'industrie, le salaire dû aux journées consacrées à ce travail, et, s'il y a lieu, la part à attribuer au produit des subventions ou au revenu des propriétés qui ont concouru à assurer les recettes de la famille. La valeur à attribuer à chacun de ces derniers éléments se détermine, dans chaque cas particulier, tantôt par des moyens directs, tantôt par analogie, tantôt, enfin, par différence, lorsque les autres éléments sont connus. Les erreurs ou les données arbitraires que peuvent comporter les évaluations de ce genre pour les propriétés, les subventions, les salaires, les industries, ne changent en rien le résultat définitif: elles n'ont d'autre conséquence que d'altérer, dans une proportion peu importante, la valeur relative qui devrait être attribuée aux totaux partiels des quatre subdivisions du Budget des recettes.

Les bénéfices des industries entreprises par la famille sont établis dans les Comptes annexés. Parmi ces bénéfices on doit comprendre le supplément de salaire qui résulte, pour certains ouvriers, du travail à la tâche. La différence entre la rétribution variable du tâcheron et le salaire fixe que recevrait un journalier exécutant le même travail doit être consignée dans la 4ᵉ section du Budget des recettes, comme le salaire l'est dans la troisième.

Les revenus des propriétés, les produits des subventions, les salaires et les bénéfices des industries, sont perçus par les ouvriers sous deux formes différentes : en nature ou en argent. En conséquence, deux colonnes sont toujours consacrées à ces deux sortes de recettes, et la comparaison des totaux partiels de ces colonnes offre tout d'abord une indication intéressante touchant l'organisation économique au milieu de laquelle la famille est placée. La distinction des valeurs à consigner dans la colonne intitulée : *Valeur des objets reçus en nature,* n'entraîne aucune difficulté quand les objets et les services reçus doivent être définitivement consommés par la famille; mais il en peut être autrement lorsque la famille les emploie dans ses propres industries et les transforme plus ou moins par le travail ou par l'échange. Ainsi, lorsque l'ouvrier reçoit comme rétribution de son travail une quantité de blé d'une valeur de 10ᶠ à consommer pour la nourriture du ménage, cette recette, portée dans la colonne intitulée : *Valeur des objets reçus en nature,* est balancée au Budget des dépenses par une somme égale intitulée : *Valeur des objets consommés en nature.* Au contraire, si l'ouvrier reçoit comme rétribution la jouissance d'un verger ayant une valeur locative annuelle de 10ᶠ, s'il réalise cette valeur en argent par la vente des fruits qu'il obtient, et si enfin il consacre cet argent à acquérir 10ᶠ de blé, on devra nécessairement consigner cette dernière dépense dans la colonne intitulée : *Dépenses en argent.* Pour la balancer dans le Budget des recettes, on considérera que la jouissance du verger n'est qu'un moyen d'arriver à la recette en argent de 10ᶠ. En faisant abstraction de l'opération commerciale effectuée par la famille, on pourra donc inscrire dans la colonne intitulée : *Recettes en argent,* la valeur de l'objet ou plutôt de l'usufruit réellement reçu en nature. L'un des avantages de cette manière d'opérer est qu'il y aura balance exacte, non-seulement entre les totaux des deux Budgets, mais même entre les totaux partiels des deux colonnes dont chaque Budget se compose.

La colonne de gauche, intitulée *Sources des recettes,* contient une évaluation approximative du capital que représente pour la famille chacune des quatre sources de recettes. Cette évaluation, qui permet d'apprécier la condition relative des familles ouvrières, s'obtient de la manière suivante :

La valeur des propriétés mobilières ou immobilières est la simple reproduction des chiffres consignés dans le § 6 des observations préliminaires. Elle peut être vérifiée par une estimation directe ou par des renseignements pris dans la localité. Le calcul de la valeur des animaux domestiques, entretenus seulement une partie de l'année, s'obtient en prenant la moyenne entre le prix d'achat du jeune animal et le prix de vente de l'animal engraissé et en multipliant cette moyenne par une fraction, qui est, par exemple, $\frac{9}{12}$ pour un animal gardé pendant neuf mois.

La capitalisation des droits d'usage, qui sont les subventions les plus communes, est un résumé concis d'observations très-importantes et très-délicates. Elle s'obtient en multipliant la valeur de chacun de ces produits par un coefficient variable avec le degré de permanence que présente à l'ouvrier cette source de recettes. Ce coefficient peut être égal à un des nombres 20, 18, 16, 14, 12, etc..., quand l'intérêt de l'argent dans la localité est de 5 0/0. Il doit être réduit ou augmenté proportionnellement, toutes choses égales d'ailleurs, quand le taux de l'intérêt est supérieur ou inférieur à 5 0/0. Ainsi la capitalisation des subventions se lie à des appréciations très-utiles sur l'organisation sociale d'un pays, sur la force des traditions et sur le degré de sécurité qu'offrent aux familles le patronage, les biens communaux, etc.

L'aptitude à exécuter des travaux manuels ne peut être considérée comme équivalente à la possession d'un capital, quand les recettes sont entièrement absorbées par les dépenses. Ce n'est que dans le cas où l'ouvrier emploie régulièrement une portion de son salaire à la production d'une épargne annuelle que cette aptitude peut être assimilée à la propriété d'un capital transmissible dont l'épargne représente précisément le revenu. Cependant, pour tenir compte des éventualités causées par la maladie ou par la mort, on se contente d'attribuer au capital des salaires une valeur égale à cette épargne multipliée par le coefficient 15 ou par un coefficient moindre ou plus élevé, suivant que l'intérêt de l'argent dans le pays est supérieur ou inférieur à 5 0/0.

Quant aux petites industries entreprises par la famille, elles n'ont pas toujours une valeur marchande comme les capitaux de même nature appartenant aux classes supérieures de la société. Cette valeur peut être, en général, estimée au dixième du bénéfice annuel, quand le taux de l'intérêt est de 5 0/0.

2. **Budget des dépenses.** — Ce Budget évalue, dans cinq sections disposées sur une seule colonne, les dépenses concernant : 1º la nourriture ; 2º l'habitation ; 3º les vêtements ; 4º les besoins moraux, les

récréations et le service de santé ; 5° les industries, les dettes, les impôts et les assurances. Le mécanisme de ces sections est très-facile à comprendre : pour savoir quels sont les faits à observer dans chacune d'elles, il suffit de lire attentivement une monographie.

Le Budget des dépenses distingue les dépenses en nature et les dépenses en argent. Il fournit ainsi un moyen de contrôle pour le Budget des recettes. Il doit y avoir, en effet, balance exacte entre les totaux généraux et les totaux partiels de chaque Budget : d'une part, pour les objets reçus et consommés en nature; d'autre part, pour les recettes et les dépenses en argent, sauf l'épargne réalisée ou la dette contractée. Quand l'observateur constate une épargne annuelle, il doit vérifier avec soin si cette épargne est en harmonie avec le capital déjà accumulé.

3. **Comptes annexés aux Budgets.** — Les Comptes annexés renferment les calculs compliqués, les balances numériques partielles qui ne pourraient figurer aux Budgets sans y introduire de la confusion, ou, du moins, sans atténuer le relief qu'il est nécessaire de donner aux faits principaux. En même temps qu'ils renferment des détails caractéristiques, ces comptes sont, pour le lecteur, une garantie de l'exactitude des recherches. Ils se subdivisent en trois catégories.

*Les comptes des bénéfices, résultant des industries entreprises par la famille,* établissent, pour chacune de ces industries : 1° les recettes provenant des produits de toute nature vendus ou conservés pour la consommation du ménage, du travail des animaux, et, s'il y a lieu, de la plus-value acquise par les immeubles du fait même de l'exploitation ; 2° les dépenses provenant des matières premières achetées ou procurées par les industries, des subventions utilisées, de la main-d'œuvre fournie par les membres de la famille ou par des ouvriers auxiliaires, du travail des animaux domestiques ou des animaux loués, de l'entretien du matériel et des immeubles employés pour l'exploitation et de l'amortissement de la valeur des animaux, enfin, de l'intérêt des valeurs mobilières ou immobilières (outils, animaux domestiques, immeubles ruraux), engagés dans l'industrie. La différence entre les recettes et les dépenses représente le bénéfice total des industries.

*Les comptes relatifs aux subventions* servent ordinairement à évaluer les produits des droits d'usage. Une telle évaluation s'obtient par différence en calculant : 1° la valeur des produits récoltés ; 2° la valeur du travail de la famille et des animaux domestiques, de l'entretien et de l'intérêt des outils employés. Ce calcul peut présenter quelques difficultés quand les produits récoltés n'ont pas de valeur marchande dans le pays. Il faut alors recourir à des méthodes indirectes, qui, dans chaque cas particulier, sont indiquées par la nature même des faits. La méthode la plus générale consiste à comparer les recettes et les dépenses de toute sorte auxquelles donné lieu l'industrie fondée sur l'usage de la subvention, puis à rechercher, par comparaison avec d'autres faits analogues, quelle part de l'excédant des recettes représente la valeur des produits immédiats de la subvention. S'agit-il, par exemple, de déterminer la valeur à attribuer à l'herbe broutée par la vache laitière d'une famille sur un pâturage reçu à titre de subvention, on établira, d'une part, la valeur de tous les produits que la famille retire de l'entretien de cet animal, de l'autre, le montant de toutes les dépenses faites pour le même objet; l'excédant des recettes sur les dépenses représentera à la fois la valeur des produits du pâturage et le bénéfice dû à l'exploitation de la vache. Le total des deux éléments étant ainsi obtenu, la détermination de chacun d'eux ne comporte guère d'incertitude, puisqu'on peut prendre pour base d'évaluation, d'un côté, la quantité relative et la valeur des autres articles de nourriture, de l'autre côté, l'appréciation du bénéfice réalisé par la famille sur d'autres industries de même importance.

*Les comptes divers* concernent principalement les dépenses faites dans le ménage. Parmi ces comptes doit se trouver toujours celui de la dépense annuelle en vêtements. On doit l'établir en même temps qu'on recueille les renseignements relatifs au § 10 des observations préliminaires. Pour déterminer cette portion importante du Budget des dépenses, il suffit de diviser le prix d'achat de chaque vêtement par le nombre d'années qui en représente la durée. On complète les résultats ainsi obtenus par un nouveau compte indiquant la dépense annuelle en matières premières et en main-d'œuvre pour l'entretien des vêtements de la famille. Quand une partie des vêtements est reçue par subvention ou est confectionnée dans le ménage avec des étoffes achetées, on inscrit dans deux colonnes distinctes la dépense annuelle en argent et la dépense en nature occasionnée par l'usure progressive des vêtements donnés ou par la main-d'œuvre employée à la confection ou à l'entretien. On trouve des exemples de ces comptes dans les monographies déjà publiées et notamment dans les nᵒˢ 21, 26 et 28 des *Ouvriers des deux mondes.*

### *D.* NOTES.

Les notes sont destinées à compléter le tableau de l'existence d'une famille. On renvoie à cet appendice le développement des questions générales concernant les lieux, les personnes, les industries et l'organisation sociale, quand les faits qui se rapportent à ces questions exigent trop de détails pour entrer dans le cadre des observations préliminaires. Les notes sont la partie la moins essentielle d'une monographie; elles ne peuvent acquérir d'intérêt et de certitude qu'en se rattachant étroitement aux observations préliminaires et aux Budgets. L'auteur doit s'y borner à une énumération concise des faits observés et des renseignements recueillis qui concordent avec ces faits. C'est le seul moyen pour lui de former l'opinion du lecteur, qui se méfierait, à juste titre, du caractère de généralité que ces notes présentent, s'il introduisait, dans un simple récit dénué de preuves, ses théories personnelles. Quoi qu'il en soit, les notes sont la seule partie de l'œuvre dans laquelle il soit permis à l'auteur de s'écarter de l'analyse rigoureuse des faits et de produire ses propres appréciations.

## IV

### RÉDACTION DE LA MONOGRAPHIE.

La rédaction de toute monographie doit commencer par les Comptes annexés, puis par les Budgets. Ces derniers doivent toujours être établis sur le lieu même de l'observation. Le tableau complet et méthodique des recettes et des dépenses d'une famille est, en effet, le véritable contrôle des faits observés et le seul moyen d'approfondir les conditions de l'existence matérielle et morale des populations ouvrières : il ne faut donc pas se contenter de recueillir dans la localité les éléments de ces calculs : il est indispensable de les coordonner immédiatement, afin d'éviter les lacunes qu'il ne serait plus possible de combler à distance. La méthode à suivre pour cette coordination se trouve suffisamment indiquée dans le chapitre précédent.

C'est également dans la localité même qu'il est préférable de rédiger les observations préliminaires et les notes. On peut se borner cependant à mettre en ordre chaque jour les documents recueillis pour les mettre en œuvre plus tard. Dans la rédaction définitive, il faut donner à chaque fait la place qui lui est assignée par la méthode, le décrire avec concision et éviter les répétitions. Le style doit être simple, et, malgré la spécialité du sujet, se rapprocher, autant que possible, du langage ordinaire. Les personnes qui ne pourraient donner à la rédaction les soins qu'exige une œuvre destinée à l'impression peuvent s'affranchir de toute préoccupation à cet égard. La Société d'Économie sociale ne demande à ses collaborateurs que des faits bien observés ; elle se charge de corriger le récit, s'il y a lieu, et de faire écrire de nouveau la monographie, avant de l'imprimer, en se conformant toutefois scrupuleusement à la pensée de l'auteur.

## V

## PRINCIPES GÉNÉRAUX ET CONCLUSIONS DIVERSES A DÉDUIRE DES FAITS OBSERVÉS.

Les faits qui se rattachent à l'existence d'une famille ont en eux-mêmes un véritable intérêt scientifique ; convenablement multipliés, ils deviendront l'une des bases fondamentales de la statistique, de l'administration publique, de l'organisation industrielle, etc. Mais leur importance résulte surtout de ce qu'ils sont le moyen le plus sûr de mettre en lumière et de faire accepter les vrais principes de la science sociale.

Parmi les questions principales, dont chaque monographie doit faire surgir des solutions partielles, il convient de citer en première ligne celles que, dans son rapport sur les travaux accomplis pendant la session de 1860-61, le secrétaire général de la Société d'Économie sociale a énumérées dans les termes suivants :

1° Influence de la religion sur le bien-être individuel et sur les rapports sociaux ;

2° Conciliation des liens de famille et de l'autorité paternelle avec la liberté de l'individu;

3° Influence de la fécondité ou de la stérilité systématique des mariages ;

4° Influence du régime des successions ;

5° Influences relatives de la grande et de la petite propriété, en agriculture et en industrie ;

6° Influence du régime de communauté ou de l'action individuelle sur le travail et sur la production ;

7° Délimitation à établir entre l'État, les corps constitués, l'association libre, la famille et l'individu, en ce qui concerne la protection des cultes, la diffusion des lettres, des sciences et des arts, l'assistance des pauvres, et, en général, les intérêts sociaux qui n'ont point exclusivement le caractère de l'utilité collective.

# SOMMAIRE

# DE L'INSTRUCTION SUR LA MÉTHODE

## DES MONOGRAPHIES DE FAMILLES




PARIS. — IMPRIMERIE DE J. CLAYE, RUE SAINT-BENOIT, 7.